El libro que todo padre debe dar a su hija

Diana Santiago

El libro que todo padre debe dar a su hija
Diana Santiago

Diseño de la cubierta: Equipo de diseño de Universo de Letras
Imagen de cubierta: ©Shutterstock.com

Obra publicada por el sello Universo de Letras
www.universodeletras.com

Primera edición: 2024

ISBN: 9788419774484
ISBN eBook: 9788419776747

A ti..., mi luz, mi fuerza de gravedad,
mi amor incondicional, mi hija.

Anastasia

A ti..., mi renacer, amor de mi vida, mi esposo.

Darío

Índice

Les presento este libro, inspirado en la más genuina experiencia que la vida me ha dejado, esa que aprendí en el camino, a veces de una forma exquisita, otras de un modo no tan deseable, pero aquí está, me formó en una persona que tuvo el valor, la valentía, la bendición y las condiciones para traer un ser humano al mundo, increíblemente una niña como siempre lo soñé.

¿Ahora qué queda?, pues, sencillamente, pasarle toda esta experiencia a ella para que conduzca su vida por el mejor camino, para que tenga puntos de referencias y guías, esas que tanta falta nos hacen en diferentes momentos de nuestra vida y en aspectos tan diversos.

¿Y por qué es el libro que todo padre debe dar a su hija? Porque la conexión padre-hija es única, como el amor que desarrollamos hacia ellos y saber que de ti, PAPÁ, vino este libro, sin duda, lo hará especial, será consciente de que hay cosas que le quieres decir y en estas líneas encontraste una excelente manera, esto hará que lo lea con el corazón y sienta que su padre puede tener la sensibilidad para entender muchos temas que ella piensa que no.

Sabrá que conoces el camino, y no solo la cuidas y la proteges del mundo, sino que también la ves como un ser real.

Es la ocasión de que nuestros hijos nos escuchen, que se ahorren tiempo, dolores, errores..., con esto no estoy diciendo que los vamos a meter en una burbuja, nada de eso, puesto que, al contrario de lo que puedes pensar, aquí la aúpo a comerse el mundo, pero de forma inteligente, positiva, retributiva. Hay cosas que no son necesarias vivir para aprenderlas, sin embargo, se debe aprender a ser asertivo, saber escuchar y pensar que cada paso que se da tiene consecuencias y, por supuesto, has de dar pasos hacia consecuencias positivas, porque en tus manos tienes la opción de hacer de esta la mejor vida que te pudo tocar.

Introducción
Para los padres o mejor
si piensas ser padre

Dar directrices es una tarea muy importante, dado que, en cierto modo, estás determinando o guiando una acción por una dirección u otra. Eso es lo que pasa como padres, tienes que guiar el camino que seguirá una vida. Menuda responsabilidad, ¿no?

Muchos de los problemas de la sociedad actual vienen de la mano de la agilidad con la que se toma la decisión —muchas veces ni se toma— de ser padres. A veces, es difícil creer que algo tan complejo, poniendo a un lado la parte hermosa y sublime de tener un hijo, sea tomado tan a la ligera, con simples y pírricos: «No sé qué pasó; no calculamos bien; me equivoqué en la cuenta; no pensé que pasaría».

Pues, señores, hay errores que no se cometen y el traer un niño al mundo, sin planificación, es uno. Aquí quiero aclarar que el niño no es el error, la equivocación la cometes tú cuando eres irresponsable ante tus relaciones sexuales.

Son múltiples los métodos anticonceptivos que se ofrecen, de distinta gama, para diversos gustos y formas de placer, diría la propaganda: «Escoja el que mejor se adapte a usted».

Este libro no pretende hablar de diferentes tipos de concepción, patrones de natalidad y su incidencia directa en los niveles socioculturales de los pueblos o, más específico, el cambio trascendental que da su vida desde todo punto de vista al ser padre.

Porque eso sí queda claro acá, ser padre te cambia la vida en todos los aspectos; algunos mejoran, otros empeoran, se desequilibran, ¡desaparecen o aparecen! Y así la vida, al crear otra vida, ya no es la vida misma.

Pensemos lo profundo de esto, puesto que muchas veces la rutina no nos permite detenernos a ver, se mueve tu fibra, se transforma tu ser y algo que necesitaría todo un libro para describirlo: ¡descubres el miedo!

Un miedo único, donde, como lo dijo una buena amiga, sientes miniinfartos cada dos horas por tantas cosas que pasan, incluso, en ocasiones, solo basta pensar en las cosas que podrían suceder, a esto le agregamos otros tantos detalles como el económico, dado que tener un hijo no es algo que va por la vida gratis.

Sin duda, es algo maravilloso, pero, para que no solo sea maravilloso para ti, por el orgullo de que ahora eres padre y jactanciosamente salga de tu boca: «Tengo un hijo o yo le di un hijo», debe haber mucho más que eso, ya que, precisamente, lo que menos un hijo es, aquello que deriva en esas actitudes, egoísmo.

Esas actitudes son el reflejo de mentes muy cortas que no ven más allá de sus narices y no tienen la capacidad de entender que un hijo no es para satisfacer egos personales ni para demostrar a tus amigas que tú sí fuiste madre o que tú sí eres muy macho y das hijos, nada más común, pero muy alejado de la realidad.

Un hijo es desprendimiento, dedicación, entrega y mesura, nada cercano a vanagloriarse porque lo lograste. Claro que hay orgullo, que te engrandeces, que te sientes el más poderoso e increíble, dado que tienes esa hermosura que vino de ti, pero es muy diferente este sentimiento que emana de ti al contemplar tu obra de arte durante horas mientras duerme o cada segundo que lo ves que pretender sentir eso mismo, pero para que los demás te admiren o por querer conseguir una frase de idolatría como «qué bárbaro es, tiene un hijo» o algo muy repetitivo hoy en día: ¡para vivir esa etapa de ser padre!, como si esta pasara como la adolescencia.

Una vez entrados en confianza, mi querido padre, quiero hablarte acerca de qué trata esta obra y por qué todo padre dárselo a su hija. Es una responsabilidad muy grande escribir un libro con este título, pero la asumo con todo el amor, echando mano de frases como «cuando tienes un hijo, tienes todos los hijos del mundo».

Estamos claros que ser padres no es tarea fácil, no existen manuales ni fórmulas exactas, aunque sí dudas y preguntas, desde la más básica que nos podamos imaginar hasta la más compleja y de las cuales a veces no queremos ni saber las respuestas, pero hay muchos consejos, palabras o frases que te pueden ayudar en este hermoso y fuerte camino, y aquí te los proporciono, algunos no estarán apegados a tus líneas de crianza, otros serán copia fiel y exacta de tus pensamientos. Pero todos están hechos con el amor de madre más grande que se desprende de mis entrañas, con la esencia de mujer más profunda que irradio día a día, como ciudadana del mundo que se cuestiona continuamente por qué el hombre creó las fronteras, pero respeta profundamente cada cultura, quien confía en un mundo mejor, pero está consciente de la realidad catastrófica que merodea a nuestros hijos.

Como amiga, han sido muchos los casos que he visto a mi alrededor de éxitos y fracasos en múltiples aspectos en la vida de mis conocidos y amigos. Abundan las experiencias, las cuales me sirven como base para escribir cada palabra, ninguna inventada y ninguna réplica de algo que me contaron, todas vivencias propias, donde he estado de inicio a fin y he visto acciones que han partido de un mismo principio, pero, dependiendo de la actitud de cada persona, han tenido resultados potencialmente opuestos.

Es increíble cómo la vida tiene patrones, aunque nos empeñamos en pensar que conmigo será diferente. Créanme, no cambia debido a que eres tú o soy yo, en ocasiones y en un porcentaje ínfimo ocurre porque Dios es grande.

Por eso, aquí vengo a presentar a tu hija palabras llenas de sentido para contribuir con sus deseos de ser una buena persona, con una vida plena y, en la medida de lo posible, que logre ser feliz. No digo que de otra forma no se consiga, pero, si uno se deja guiar a través del camino de esta llamada vida, es muy probable llegar a buen término, eso sí, dándole siempre tus propios matices.

No pretendo meterme en tu modelo de crianza, solo ser esa mano amiga que dice cosas que no nos atrevemos, obviamos o, sencillamente, no se nos pasa por la mente considerarlo un tema importante para discutir con tu hija.

Cada vida es distinta y todos luchamos nuestras propias batallas, pero hay combates que, siguiendo consejos, ni siquiera los vas a luchar *o no se te van a presentar en el camino, y con esto no estarás dejando de aprender o de vivir tu vida, sino ahorrándote momentos innecesarios y, a cambio de esto, obteniendo tiempo, ese que sí tenemos medido, no lo olvides, para invertirlo en cosas más productivas.*

Te invito a leer con la mente abierta, sin prejuicios, sin críticas, deja que tus sentidos perciban la esencia de la lectura y disfruta este libro como un dulce manjar que se te presenta y que, luego de saborearlo, podrás profundizar sobre qué ingredientes llevaba y cuánto tiempo de cocción necesitó.

Bueno, papá, estoy muy orgullosa de ti, qué suerte tiene tu hija de tenerte en su vida, no te conozco, pero solo saber que tienes este libro en tu poder ya me hace pensar que eres de mi equipo, que lo quieres hacer bien y lo mejor es que, seguramente, todo te va a salir bien. Gracias por leerme, gracias por tu tiempo.

Te debo decir un secreto, padre

Al estar rodeada de tantas mujeres en mi vida, pude ver y entender el rol que juega cada una: madre, hermana, tía, amiga, prima, suegra; y la repetición de patrones, porque esto es algo vivencial. Lamentablemente, no soy psicóloga para darle la terminología científica adecuada, aun así, intento acercarme a esta, al menos, de manera coherente.

Al ver diversos modelos, puedo concluir que el secreto de una mujer de éxito está, entre otras cosas, en la crianza, sabemos que es así, esta determina la gran mayoría de aspectos en tu vida; pero no me refiero solo a la que abarca que seas educada, que digas por favor y gracias, que no hables con la boca llena, que te bañes todos los días, sino a una parte de la crianza que, en el caso de las mujeres, es fundamental, la comunicación madre-hija o padre-hija, ambas igual de importantes.

Escudándonos como padres en la moral, en que no te falte el respeto tu hija, en el hecho de ser sociedades bastante machistas y, en fin, todos los tabúes que tiene la sociedad, se pasa la vida sin aclarar temas que son precisamente los que nos hacen cometer más errores. Debido a este secretismo parental donde no hay que decirle a la niña esto o aquello, la encapsulamos en una serie de burbujas que van a ir chocando con paredes y, al explotar, traerán consigo fuertes golpes, dolores, fracasos, cargos de conciencia...

Es después de muchos años ¡y golpes también! que descubres que, si tan solo hubiese existido una conversación al respecto con mi padre, todo fuera distinto. Estoy consciente de que, quizás por mi inmadurez, la falta de experiencia o la rebeldía del momento, no hubiese entendido todo el mensaje, pero estoy segura de que, con haber tenido esa conversación, al menos, una cuarta parte del contenido estaría en mi mente y todo sería mucho mejor que nada.

Pero aquí influyen muchos factores, quizás mi padre no veía necesario hablar de esos asuntos con una hija tan joven, no consideró que fuese el instante indicado y, como el tiempo vuela, ya luego no hubo oportunidad para esta conversación.

Por eso, en este momento me detengo a hablar con los padres, porque, a pesar de la modernidad en que vivimos, hay temas que se deben abarcar desde el tradicionalismo adaptado que no se ha de perder. ¿Por qué hablar de un tradicionalismo moderno y no solo ser conservador y ya? Lamentablemente, no sirve en estos tiempos, pues, a pesar de ser excelente que una mujer cuide su cuerpo y se respete, sentar a tu hija y decirle: «¡Debes llegar virgen al matrimonio!», así a juro, al ser tú el que manda y decides que eso ha de hacer ella o eso es lo que está bien, créanme que nada está más lejos de la realidad, dado que la vida no es así en base a imposiciones y menos en este caso.

La vida va en base a matices justificados, y todo ser humano toma lo que considera que es para él, así debe ser cada charla; la conversación en el café que llevas a tu hija a que tome una malteada; la del auto de camino a casa donde lo que sobra es tiempo y carretera; la muy propicia después de ver una película que inteligentemente escogiste para tocar un tema; la que fluyó tras una reunión con amigos donde sus hijos hacen tal o cual cosa que justamente deseabas debatir con tu hija; la que emana de ese día de caminata por una montaña o por el parque donde no hay más nada que hacer para pasar el tiempo y ahí estás tú con ese asunto pendiente que, casualmente, vas a empezar con otro que desembocará allí.

¡Uy! Qué cantidad de conversaciones y qué maravilla tantas ocasiones que se te dan para tenerlas —o aquí entre nosotros, que buscas sigilosamente—, pero qué buenos momentos dejan y qué grandes enseñanzas estás pasando a tu hija.

Diana, pero ¿tanta conversadera sobre qué? ¿qué tanto debo hablar con mi hija que requiere mucha dedicación en su preparación y producción, pero que mi hija debe pensar que fue algo espontáneo? Aquí debo aclarar que hay cuestiones que, si deseas sentar a tu hija y tratarlas de modo directo, estás en todo tu derecho, cada hogar tiene sus situaciones, pero, en líneas generales, estas charlas van de temas que son tan comunes, pero que no se abordan, solo se hacen las cosas, se cometen los errores o, peor aún, pasa la vida y ni se enteraron de que había asuntos importantes de los cuales hablar, aprender y aplicar para llevar la vida con mejor calidad.

Ok, retomo, ¿conversaciones acerca de qué?, ¿de qué va ese índice de asuntos que no entiendo?, ¿llevar al parque a mi hija y hablar de qué?, ¿no debería solo jugar y ya? Disculpa, Diana, pero, cuando voy en el tráfico a casa, aprovecho para hacer un par de llamadas de trabajo o para saludar a una vieja amiga. Bueno, aquí es donde te recuerdo aquello de planificar un hijo, debido a que en esto debe haber un aspecto constante, ¡¡¡consumen tiempo!!! Más aún, si lo quieres hacer bien, porque así lo hagas mal, también requieren que le dediques tiempo, pero aquí me refiero a una crianza real y esta te exige entrega, la cual se transforma en tiempo, tiempo de calidad.

Y no solo es el tiempo que vas a emplear para hablar con tu hija, también ese que invertirás buscando información sobre cómo abordar el tema y cómo dar material útil y no convertirte en un regañón, un papá que habla sin fin y aburre, o aquel que genera un: «Mi papá está habla y habla y yo no entiendo nada». Te fijas tantas líneas delgadas que no debes cruzar. Nadie dijo que sería fácil.

Muy bien, intentemos puntualizar un poco, hay que hablar de: sexo, religión, relaciones interpersonales, de pareja, amigos, el respeto a tus padres y mayores; valores como lealtad, responsabilidad, puntualidad, fidelidad, prudencia, honestidad, humildad, gratitud, admiración por otras culturas; asuntos del día a día como alimentación saludable, deporte, aseo personal, normas del buen oyente y buen hablante, modales en la mesa, cultura general; los vicios: alcohol, drogas, juegos; buscar calidad de vida a través de la felicidad, el amor, la paz interior, los estudios, el trabajo, viajar, aprender idiomas; profundizar en la importancia de cuidar la naturaleza y los animales; crear conciencia de la contaminación y, una muy importante, las finanzas.

Probablemente, algunos no son tu fortaleza, no debes ser un erudito en todo, pero no importa, tienes tres opciones. La primera, investigas sobre el tema para luego conversar con tu hija y darle información de calidad. La segunda, piensas muy bien quién domina ese asunto mejor que tú y le pides que un día, ocasional-

mente en un almuerzo en familia y entre amigos, lo conversen y así tu hija sea partícipe; sería genial si tienes a esta persona en alta estima en tu hogar, pues sus palabras serán recibidas con mayor respeto y calarán más en la vida de tu hija y, por qué no, hasta en ti mismo. La tercera, lee este libro completo y ten una idea clara de qué va cada tema que, en este caso, yo conversaré con tu hija, esperando que logre llamar lo suficiente su atención como para que desee conocer los secretos para llevar una buena vida.

Bueno, padre, hasta aquí creo que me acompañas —si no te mata la curiosidad por saber qué voy a decirle a tu perla más preciosa—, lo que sigue es territorio para tu hija, prometo que cada cosa que deseo expresarle está cargada de positivismo, rectitud, apertura al mundo y límites, porque, sin duda alguna, para ser feliz hay que tener límites, la libertad sin ningún tipo de restricción se convierte en libertinaje, del cual no soy fan.

Si estás aquí es debido a que eres una persona inteligente y un padre responsable y real, ¡te felicito! Espero poder llenar tus expectativas y que Dios me ilumine para acrecentar las ilusiones, aciertos y aspiraciones de tu hija, pues este es el libro que todo padre debe dar a su hija.

Capítulo I
Hola, hija

¡Qué gusto encontrarme contigo!

Estuve conversando con tu padre, un hombre maravilloso, que te ama y te quiere bien, feliz, próspera y plena.

No dudo de cuánto se esfuerza por guiarte de la mejor manera, pero hay cosas que quizás yo, por ser mujer, hija, hermana, amiga y madre, he vivido y tu padre no; en algunas he tenido éxito, en otras he fracasado, pero son estas vivencias las que me han ayudado y me han dado la base para compartir contigo la forma que he descubierto de llevar la vida de la mejor manera y guiarte a la felicidad, al éxito y a la plenitud; para esto me tomo de la mano de una máxima: no hacerle daño a nadie, mucho menos a ti mismo; hay que querer mejorar cada día, porque soy creyente plena de que, cuanto más nos esforzamos, más grande es el legado que le dejamos al mundo.

Esta no es una clase aburrida de moral y luces, nada de eso, estas líneas se basan en ayudarte a situarte en el tiempo y ante situaciones que a veces no entendemos, y lo mejor de todo, te voy a ahorrar un montón de problemas que generalmente nos buscamos por inmaduras, por creer que somos la última gota del desierto o por, sencillamente, ver el mundo con ligereza y pensar que no pasa nada si hago esto o aquello cuando resulta que muchas veces sí pasa y mucho.

En los negocios, una de las claves del éxito es la diferenciación, esto es ser notablemente diferente del otro, en la mayoría de los casos, tu competidor más cercano. Igual pasa en la vida, estamos rodeadas del común denominador, por lo que es muy fácil apegarse a él y entrar en esa zona de confort que es tan peligrosa porque nos acostumbramos y después no nos interesa salir, ahí estamos a gusto y lo que empeora todo es que la gran mayoría de las personas que nos rodean permanecen dentro inertes, dejándose llevar por las masas como un borrego que arrea el pastor entre el rebaño.

Diferenciarte, hija, es ser exclusiva, polifacética, con ética, agradable, accesible, empática, seria. Por supuesto que dirás: «Bueno, pero esas son muchas cosas juntas, soy un ser humano común y corriente», y a eso te responderé: ¡exacto!, eres un ser humano, por eso vas a cometer errores, y habrá cosas que ni a ti misma te gustarán de ti, no obstante, por el mismo hecho de ser humano, es que tienes la capacidad y de sobra de eso y mucho más.

Como mujer, nada más encantador que la sutileza de la seriedad, que quede como base para el próximo paso en tu descubrimiento por la excelencia como persona, un elevado nivel de educación que viene de la mano de una amable sonrisa y una empática y sincera preocupación por el otro, donde cualquier tema de conversación puede fluir suavemente y deslumbrar desde la sencillez con tus palabras, convicciones y puntos de vista hasta al más complicado o exigente carácter. Estamos claras que no agradarás a todas las personas, nada de eso, todo es parte de un proceso, pues te estás formando como un ser humano valioso para la sociedad que va a aportar mucho.

Este cúmulo de cualidades se pueden alcanzar porque, cuando se empiezan a hacer las cosas bien desde un principio, todo se va concatenando para que cada siguiente eslabón venga derecho y engrane bien, y, como muchas veces te pasará, habrá eslabones que no encajarán, pero ya la base es tan fuerte que tan solo al verlos tú misma los descartarás.

No dejes al azar, al destino o a la nada tu modo de ser, en ello hay que trabajar, hay que querer ser excelente, querer progresar, además de observar el ejemplo de los grandes, de los que admiras, y luchar por ello.

La vida es bellísima y es uno el que la complica, la amarga o la disfruta al máximo. Por eso, debemos llevar un equilibrio entre cada uno de los componentes de nuestra vida y todo será mucho mejor en la medida que tus cualidades sean más que tus defectos —trabajando a la vez en ellos—.

Hay que aprender a revisarse por dentro y, si sientes que algo no está en equilibrio, trabajar en ello, porque son múltiples los ejemplos de traumas, resentimientos, situaciones mal llevadas que en la edad adulta pasan su factura. Ante ello, desde que comenzamos a madurar, vamos teniendo el control de nuestra vida y nuestras actitudes, hay que estar pendiente de que cada mañana el alma se despierte tranquila, reposada y en paz.

Una vez aclarado por qué trabajar sobre nuestras virtudes y cómo fortalecerlas, regresamos al punto inicial, que es la identificación de estas cualidades y de qué manera desarrollarlas. Cada aptitud tiene que ser tratada individualmente a pesar de que muchas se dan de forma simbiótica.

Un ejemplo de esto es ser accesible, esta es una cualidad muy hermosa debido a que permite que las personas puedan llegar a ti para nutrirse y nutrirte, se crece mucho cuando se es accesible, pues te llega mucha información de calidad que te hace acrecentar ese banco de conocimientos, así como también esa red de contactos y conocidos tan importante en el mundo hoy en día, cuando eres accesible es porque te agrada el contacto con los demás de modo respetuoso, por supuesto, pero ese roce social te va haciendo una persona con un nivel de empatía muy interesante, dado que, al estar en contacto con distintos tipos de personas, diferentes formas de pensar, necesidades, plenitudes, etc., vas creando una imagen muy amplia del mundo, aceptas cada vez más fácil, entiendes tantas cosas que, de no ser por esta apertura al mundo, jamás comprenderías y esa empatía va aumentando y te vas haciendo más humana, más útil al mundo, puesto que entiendes sus matices y no vives de extremos, los cuales nunca son buena referencia.

Y así puedo darte muchos ejemplos de cómo fortalecer unas virtudes a partir de otras. Por supuesto, existe lo contrario, es decir, cuando alguien refuerza sus defectos y, mágicamente, empieza a crear otros nuevos; por eso, seamos inteligentes y vayamos hacia el lado positivo, fructífero y bello de la vida.

Como tener estas cualidades no es tarea fácil —un día no te despiertas y dices voy a ser cariñosa y polifacética, no se maneja así—, tu hermoso padre te da esta ayuda para que veas desde mi óptica cómo funciona esto; al tratarse de algo que se construye a lo largo de toda una vida, pero que cuando te lo dice alguien ajeno lo crees más rápido y sin tanto «pero» que cuando lo oyes de boca de tus papás, donde, por un acto automático de rebeldía, lo pasas al basurero y lo desechas.

En este caso te hablo con experiencia, te ahorro tiempo, esfuerzo, lágrimas y te doy un comodín para lograr muchas cosas con tu vida. Lo primero es que estés orgulloso de ti mismo, nada más satisfactorio cuando mires atrás y veas que el camino que recorriste era el correcto para llegar a donde estás, siempre con tu autoestima muy alta y la mirada al frente.

Léeme y al final piensa cómo puedes adaptar todos mis consejos al estilo de vida que deseas tener, el cual puede ser muy distinto entre mis lectoras, solo encárgate de añadirle cosas positivas, valiosas y divertidas, porque eso no tiene discusión, la vida hay que disfrutarla.

Cuando aprendes a ganarte el respeto de las personas la vida fluye facilito...

Capítulo II
Estudia

Para muchas chicas este punto «es obvio», pero, llegado el momento, dicen: «Yo prefiero trabajar y tener dinero». Mis princesas en formación, no cometan este grave error, es entendible que muchas veces es necesario salir a trabajar, pues se necesita el dinero para vivir a una edad en la que se debería estar estudiando, eso está claro, son mayoría en el mundo lamentablemente, pero te pediría echar mano de la fortaleza interna que posees para hacer ambas cosas, estudiar y trabajar. Hoy en día, el mundo se mueve de forma tan agresiva que no permite a muchos jóvenes tener acceso a la educación, hay que abogar para que esto cambie y todos tengamos la oportunidad, ¡HAY QUE ESTUDIAR!, debe ser tu primera opción, sí se puede, muchos lo han conseguido, fuerza y adelante.

Conozco a personas adineradas que nunca estudiaron y son grandes seres humanos con riquezas sustanciosas, pero, lamentándolo, mucho se les nota la falta de educación, y no me refiero a modales en la mesa, sino al roce que emana de la experiencia que da una universidad, el contacto con cientos de profesores a lo largo de una carrera, la cotidianidad con miles de chicos y chicas que, al igual que tú, tienen sueños, metas, anhelos; esa interacción con un entorno de progreso, juventud y ganas de vivir es algo que te proporciona una ganancia que solo ahí la vas a obtener, además de, por supuesto, la maravilla de salir convertido en todo un abogado, economista, ingeniero o —uno que me encanta— médico.

Tener un título universitario no solo te da un estatus diferente, esto se ve recompensado, está directamente relacionado con el dinero que ganas, si eres bueno en lo que haces se verá reflejado, pero si, aún mejor, eres tu propio jefe, como lo explicaré en el CAPÍTULO VIII, AHORRA, estos conocimientos se verán manifestados en tu negocio siendo un ganar-ganar por donde lo veamos.

No se debería ir por la vida siendo solo María la hija de don José o Carmen la esposa del Dr. García, no cuando estás leyendo este libro y tienes la oportunidad de brillar por ti misma. En la época de mis padres o más común en la de mis abuelos, sí funcionaba de esta manera, la señora estaba en casa preparando la comida para el abuelo, los obreros y la docena de hijos.

Creo que la historia ha cambiado un poco y hemos evolucionado, ahora, comúnmente, en una pareja ambos son profesionales y aportan —con esto no digo que antes no se hacía, porque ser ama de casa vaya si es una tarea dura, me refiero más a la parte de la toma de decisiones y compartir gastos—. Al ser profesionales, tenemos temas de conversación interesantísimos en la cena, le pido consejos de finanzas a mi esposo o él consulta mi opinión sobre tecnología; a nivel personal, hemos avanzado mucho, ahora hablo con mis amigas de la economía mundial, de gerencia de mantenimiento, mecánica de materiales o asuntos bonitos como cuánto nos gustan los café parisinos, aparte de también lo básico: maquillaje, farándula o moda, pues no debemos dejar de ser cómplices y alocadas amigas por el hecho de ser mujeres interesantes, nada tiene que ver con aburrimiento.

Al contrario, este avance en tu vida te hace disfrutar aún más los pequeños detalles y momentos, ahora están cargados de tiempo muy bien utilizado, porque no solo compartes con tu amiga del alma, sino, además, se están retroalimentando de cosas positivas, enriquecedoras, debatiendo temas de interés, es decir, estás poniendo todo de ti para ir al ritmo del mundo o, al menos, intentamos alcanzarlo un poco.

Esto se alcanza estudiando, leyendo y viendo contenido de calidad. Madurar tu parte académica es un adicional muy muy grande que te ayudará a llegar lejos, te hará sentir realizada en este aspecto de tu vida y tu autoestima estará agradecida por darle tanto material para sentirse especial.

No veas una carrera universitaria como algo de nunca acabar. Escucho a muchos muchachos diciendo: «¡Cinco años!, noooo, eso es mucho tiempo». Y yo pienso, ¿no es mejor cinco años en un prestigioso recinto como una universidad que el resto de tu vida sirviendo a los intereses de otro porque, sencillamente, no quisiste hacerte con el honor por tu propia cuenta?

Y si a esto le sumamos que esos cinco años son los más maravillosos del mundo, que conoces personas increíbles, que ríes, lloras, quemas una etapa de tu vida importantísima y consigues metas que son vitalicias, sin duda alguna, dirías que bien vale la pena. Y, si estás apurado, la buena noticia es que pasan rapidísimo, así es el tiempo de relativo, un día estás con las mariposas en el estómago debido a que es tu primer día como universitaria y, de repente, te encuentras ahí ya con tu toga y tu birrete, llena de orgullo, con una sonrisa que no cabe en el alma.

Pero si definitivamente la vida no te llevó por este camino, porque pasan muchas cosas y cada historia es única, lo siento mucho y sé que otro destino maravilloso tendrás. Sin embargo, si la vida te pone a escoger entre ser ingeniero o biólogo marino, ponte rápido a pensar: ¿se me dan los números o sueño con explorar el mundo acuático?

En este punto, solo debes imaginarte en cinco años, en caso de que tu carrera sea de esa duración: «Estaré como ingeniero empezando en la ensambladora de autos que siempre soñé o seré el administrador de mi propio negocio». En caso contrario, si no estudias, ¿qué estarás haciendo en cinco años? ¿Qué expectativas tendrás? Si quizás trabajes y tengas un auto, tal vez vendas cosas y tengas unos ahorros. O consideres que, al graduarte, trabajarás y comprarás un vehículo en menos tiempo que si no hubieses estudiado, tratarás de formarte en empresas reconocidas, ganarás experiencia en base a los mejores del ramo, te especializarás en eso que tanto te gusta y seguirán tus logros, pero con un título, ese que nadie te quita, que es solo tuyo, tú te lo ganaste con tu esfuerzo, nadie fue a presentar los exámenes por ti, porque, si hay algo en la vida que es de uno, es un título profesional.

Y luego pasa algo muy bonito que es descubrir dentro de tu profesión qué es lo que más te apasiona y, como te gusta tanto, estudias sobre eso en específico, te especializas y ahí viene tu segundo título derivado de una maestría, este es bellísimo, pues fuiste estudiando y trabajando sin la presión de ser un estudiante que vive con sus papás, ya en este momento te habrás independizado, hija, y este título que te da un mayor conocimiento en tu ámbito de desarrollo profesional también vale dinero, debido a que, por grado de estudio que sumes, te pagan primas de profesionalización o, si es el caso que trabajas para ti, es maravilloso porque ahora dominas aún más lo que necesitas para desarrollar tu negocio.

Y, bueno, ya después vienen otras cosas que en mi caso son más personales, como el cierre de un ciclo tras una formación académica completa, es decir, un doctorado, ese que mi padre siempre mencionaba como un sueño de su vida, tener una hija doctora, así lo hice en parte por complacer a mi viejo amado, en parte por saciar mi vena estudiantil que me pedía a gritos que hiciera este esfuerzo y ahora te puedo decir que fue increíble, es maravilloso tener este grado académico, da un sabor a miel del más exquisito panal.

Así que nada es imposible, puedes conseguir lo que te propongas, el secreto: constancia, disciplina y pasión, no pierdas tu tiempo, este pasa muy rápido y hay que tener una vida con calidad y te la puedes dar solo tú, así que constantemente ponte del lado de la excelencia, la rectitud y la amabilidad.

Es muy importante estudiar algo que te apasione, sin duda, te ayudará a ser mejor en ello, creo que cada rama de las ciencias, la literatura y las artes tiene la misma importancia, está en ti analizar a qué le vas a dedicar tu vida. No obstante, si solo estudias por aprender algo que te guste, piénsalo con calma y toma la decisión con seguridad, ya que le vas a dedicar tu tiempo, el cual termina siendo invaluable.

Ya sea que sueñes con ser un médico que opera a corazón abierto —no tienen idea cómo los respeto, para mí los médicos tienen un nivel superior al resto, cuánto los admiro—, seas una bailarina de *ballet*, un arquitecto o una dedicada maestra, la labor que escojas debe estar cargada del factor pasión.

Igualmente, has de pensar qué esperas de esa carrera, ¿es acaso reconocimiento, retribución monetaria, ayudar a los demás? Esto es muy importante para que enfoques en ello cada paso que das. Muchas veces pensamos que por el solo hecho de tener un título universitario todo lo demás viene por añadidura y no es así, hay que plantearse una meta clara y cómo materializarla, quizás no salga tal cual el plan, pero te ayudará muchísimo no solo visualizarlo, sino tener claridad de hacia dónde te encaminas.

Llegado a este punto, hija, ya sabes que no es discutible el amor por los estudios, es una virtud maravillosa, y el vivir la experiencia de pasar por una universidad te hará un ser humano distinto, piensa en tu futuro, que este punto es precisamente uno de los que más competen a él, recuerda que la pereza es un pecado capital y aquí es donde más se comete.

Hay que buscar la excelencia en la vida, no creo que estemos aquí para mediocridades...

Capítulo III
Haz amigos

La amistad es uno de los tesoros más hermosos que podemos encontrar, se trata de algo mágico porque conoces a alguien y sientes esa conexión por cosas, situaciones o sentimientos similares, sueños o ambiciones, que comienza a crecer como un árbol de manzanas; es una analogía perfecta, empieza con sembrar la semilla y va creciendo lentamente, al cabo de unos años, es un árbol fuerte y vigoroso que dará frutos, algunas veces serán temporadas buenas, otras no tanto, pero el manzano intentará siempre proporcionar sus mejores cosechas.

Así es la amistad, va creciendo en el tiempo con abonos diarios llenos de amor y lealtad, y se convierte en algo muy grande, los amigos son regalos de la vida y hay que cuidarlos, están por simple conexión contigo, nadie los obliga, nada los ata, solo el deseo de estar ahí para ti y tú para ellos. Por supuesto, las amistades hay que nutrirlas, estar presente, saber cuándo callar y cuándo hablar, con sinceridad, darles tu amor y tu comprensión, ser ese apoyo que necesitamos en momentos difíciles y esa extensión de tu sonrisa cuando la vida nos muestra su mejor cara.

Crear esa complicidad que hasta se inventa lenguajes propios, donde solo con un gesto ya sabes qué está pasando y qué debes hacer para salvarle la vida a tu amiga que se metió en aprietos, esa picardía y camaradería que es tan placentera y tantos instantes agradables trae a la vida; nada más divertido que sentarte a recordar anécdotas con tus amigas y reír hasta más no poder por tantas locuras que han vivido juntas, incluso dificultades de las que salieron ¡bien libradas!

Y así ir adaptándose a cada etapa, no es lo mismo tu amiga de la escuela o de la universidad, la que llamabas a la hora que se te ocurría o pasabas buscando cuando creías conveniente, a esa amiga que ahora tiene una familia y quizás menos tiempo, pero nunca menos ganas de compartir contigo. Y así continúa creciendo esa amistad, ahora respetando su nuevo entorno, pero siempre contando la una con la otra.

Es muy claro que no todos los amigos son para todas las ocasiones, hay amigos que son fabulosos para ir de fiesta, otros son increíbles para el club de lectura, también los que dan unos consejos para el corazón únicos, otros que pasan a tu casa sin tocar la puerta y abren tu nevera, pero son pésimos para acompañarte a hacer ejercicio, y así con cada cosa; es tu deber como amiga identificar en qué circunstancia se siente a gusto cada uno de tus tesoros, porque, al final, esa es la amistad: un incondicional momento de alegría, serenidad y fortaleza que te regala la vida en la forma de una persona.

No falles a las personas, menos a tus amigos, si algo no te parece y consideras que tendrá una afectación en su vida, tú solo dilo en el mejor tono y con humildad, pero hazlo saber, seguro que te lo agradecerán.

Aquí es muy importante saber que tú debes emitir tu opinión, no tu juicio o tu crítica, y, si no la toman en cuenta o no le parece a esa persona, tienes que aceptarlo con respeto; recuerda que todos somos libres de hacer con nuestras vidas lo que creemos y no eres nadie para obligar a otro a hacer lo que a ti te parece.

La vida me ha enseñado que una de las mejores maneras para conservar relaciones de amistad es no dar consejos que no te han pedido, pues, por algún motivo, el ser humano cree que si le están contando un problema es esperando a cambio una solución, y resulta que la mayoría de las veces solo te están compartiendo sus inquietudes para desahogarse.

Pero uno, como buen amigo, debido a que a veces cree que debe ser así, sale con su frase «yo te aconsejo» y en muchas ocasiones la respuesta es un rechazo o, sencillamente, hacen caso omiso a lo que dijiste, y llegamos a ofendernos porque no nos escucharon y no te detienes a pensar: «¿Esa persona al contarme su problema usó la frase "qué me aconsejas que haga o qué crees que deba hacer ante esta situación"», ¡lo más seguro es que no!, pero ahí salimos nosotros a decir palabras que nunca nos pidieron, entonces hay que saber escuchar. Presta atención a tus amigos, muchas veces es todo lo que precisan.

Quizás no todo el mundo llegue a ser tu amigo, pues no es tan sencillo entablar una amistad verdadera, pero eso no significa que no conozcas a muchas personas y dejes una buena impresión en cada una de ellas, puedes ser colaborador, empático y aportar a quienes van de paso, incluso algunas se quedarán perennemente, pero no con el nivel de intimidad de tu círculo más cercano, aun así, son muy valiosas, no te imaginas lo importante que es tener conocidos para diferentes ámbitos, por eso siempre debes ser amable, el mundo es muy pequeño y no sabemos qué toca en cada vuelta al sol, así que trata al otro como te gustaría que te trataran a ti.

Al final esa es la amistad, un incondicional momento de alegría, serenidad y fortaleza que te regala la vida en la forma de una persona...

Capítulo IV
Lee

En la vida, tendría que haber un hábito como el de comer, bañarse o vestirse, y ese es: **leer.**

A ese nivel lo deberíamos poner, estarás pensando: «Si dejo de comer, me muero; si dejo de leer, no pasa nada», pero resulta que quizás no mueras, aunque, en este caso, viéndolo literalmente, si lees un libro de alimentación saludable y lo aplicas o un libro de técnicas de primeros auxilios podrías salvar una vida o, si lees sobre alimentos que causan alergias y cómo tratar un ataque alérgico, podrías salvar una vida, pero, bueno, no nos vayamos a esos casos.

Otros dos casos como bañarse y vestirse, ¿por qué lo haces? Quizás te bañas porque, si no lo haces, hueles mal, o te vistes debido a que no debes andar desnudo, te da pena o puedes ser sancionado; lo mismo ocurre con las personas que no leen, lo que sucede es que nadie lo dice o, al contrario, son tantas las que no leen que pasa por algo sin importancia.

Déjame decirte, hija, que la persona que no lee también huele mal, quizás no con el olfato, pero sí con la percepción, son personas que no tienen tema de conversación, muchas veces no saben la base de lo que están diciendo, poseen un léxico muy pobre y por eso se apoyan en las malas palabras para comunicarse, dado que no saben sinónimos para expresar lo que quieren decir y generalizan con estas atrocidades del lenguaje y, por ende, hablan mal. Dime tú, hija, ¿qué es más desagradable: alguien desnudo por ahí en la calle sin motivo aparente o quien pronuncia mal las palabras o que exprese a toda voz algo mal dicho? Lo puedes pensar. Con esto no te digo que los amantes de la lectura hablamos perfecto, con un léxico derivado directamente de la RAE, nada de eso, para ser un erudito del español habría que estudiar algo en específico; yo me refiero a las conversaciones del día a día.

El modo de hablar de alguien es tan importante como cualquier otra característica, tu lenguaje te abre y te cierra puertas, te acerca o te aleja de oportunidades, hace que conozcas cada vez personas que te aportan más, y todo lo logras leyendo, así, adquieres buena ortografía, conjugas correctamente los verbos, te expresas y te entienden mejor.

Además, entre tantas maravillas que aporta a la vida la lectura, devorarse un buen libro es una de las sensaciones más agradables que existen, quedarte reflexionando sobre el ensayo que acabas de terminar y darle a tu mente este trabajo espectacular de hacer análisis y sacar conclusiones; o si es un libro más fantasioso, permanecer un rato atrapado en este mundo mágico e irreal que hizo volar tu imaginación por un buen rato; así como si lees la biografía de alguien increíble y te reflejas en su vida o qué decir de aquellos libros que te mueven la fibra, te ponen la sensibilidad a flor de piel, te hacen reír, llorar..., que tocan tu esencia.

Particularmente, me gustan los libros de autoayuda, personas que han enfocado su vida en ser su mejor versión y quieren compartir todo este conocimiento contigo, quienes te enseñan la importancia de meditar —aunque ya el hecho de leer te lleva a un punto de concentración que aporta muchos de los beneficios de un buen momento de meditación—, te suben la autoestima, te guían al éxito profesional, te ponen encima de la mesa un abanico de opciones para mejorar, te acercan a la felicidad, son realmente experiencias maravillosas que solo las puedes vivir de la mano de un libro.

Leer es un mar de cosas positivas que hacen tu vida mejor, ya sea un buen libro, el periódico, ensayos de investigaciones recientes, una novela, artículos de tecnología; sea cual sea tu gusto, debe ser un hábito que has de adquirir y fomentar, es algo muy personal, que, además, te hace disfrutar tus instantes de soledad o, simplemente, mientras esperas, puesto que tener algo que leer a la mano es un instrumento para soportar la espera de una manera agradable y aprovechando el tiempo.

Leyendo, encontramos tesoros que nos pueden cambiar el rumbo de la vida...

Capítulo V
Viaja

Así como pasar por una universidad te deja algo que se percibe, ese famoso «yo no sé qué», lo mismo lo hace el viajar. Abrir tu mente y tus sentidos al mundo es maravilloso, conocer un lugar nuevo te colma el alma, sus vistas, sus olores, sus sabores, su gente, en fin, su cultura, cosas nuevas que van llenando algo así como un almacén interno de vivencias.

Después de visitar un lugar pasa algo asombroso cuando lo ves en un programa o en una revista; cuando nombran un platillo y tú lo probaste; cuando preguntan por una historia y tú la sabes porque estuviste allí y te la contó un nativo con toda su furia, su orgullo y su dolor; cuando conoces la belleza interna de una cultura distinta a la tuya y ves los matices de la vida al admirar sus peculiaridades.

Ni hablar de las fascinantes diferencias, por ejemplo, entre un alemán y un argentino al hablar con ambos sobre su opinión del amor, y luego, tú, tan elocuente y viajada, te sientas en un café con tu mejor compañía y le preguntas qué piensa del amor, ahí comienza el entramado de percepciones que cada quien fue poniendo en tu cabeza para hilar una idea de que el amor es el amor.

Aprendes a aceptar a cada uno como es, comprendes por qué aquí lo llevan a cabo de cierta manera y por qué allá el invierno hace los días tan cortos, descubres que el mate es un compañero infaltable y que un bocadillo es el desayuno más delicioso caminando por la Puerta del Sol, te quedas atónito contemplando las pirámides de Guiza y te late el corazón viendo la torre Eiffel, soñando con un amor bonito, no terminas de entender cómo construyeron la Gran Muralla china y no te decides por cuál azul del Caribe es más hermoso, sobrevuelas el Salto Ángel y sientes la grandeza de Dios, recuerdas tus vacaciones en México y tu mente se llena de disfrute y ni hablar de esa luna de miel soñada en la Polinesia francesa, piensas en lo elegantes que son los canadienses y qué cosmopolita es Nueva York, comentas a tus padres lo increíble que es conocer Marruecos y el respeto que profesan sus mezquitas o vives la experiencia más emocionante al ir al Mundial de fútbol en Rusia.

Creo que se podría escribir un libro entero de solo vivencias que el camino recorrido me ha dado por el obsesivo gusto de viajar, amar la dinámica de los aeropuertos, esperar con ansias que te llamen para el *check in*, caminar por las tiendas y admirar la arquitectura de los techos, quizás no es muy común, pero he visto los techos más increíbles en estructuras de aeropuertos, y luego despegas y aterrizas en un lugar desconocido para ti, la emoción de saber que vas a ver todo por primera vez es mágica, pones a fluir tu mejor inglés, porque sí, definitivamente, hay que hablar inglés, en eso no hay discusión, con el inglés logras comunicarte en el infinito y más allá.

Y ahí comienza una nueva aventura en tu vida, sea un día o un mes, cada minuto es maravilloso al viajar. Para que esto sea posible, es importante planificar cada detalle con tranquilidad y tiempo, así te ahorras el mal rato de olvidar algo importante para el viaje, como guardar los mapas del lugar *offline* o hacer la lista de los restaurantes, parques, museos, calles y cualquier punto emblemático que desees conocer.

Lee un poco acerca de los sitios que vas a visitar, así, una vez allí, sabrás su historia y podrás profundizar en los detalles, no te imaginas la cultura que irás adquiriendo viaje a viaje.

Si vas acompañada, ya sea con una amiga, en pareja o con un grupo, sé siempre amable, colaboradora, mantente de buen humor y participa en las actividades que todos desean hacer, has de ser empática con el grupo, organizar entre todos qué lugares en común desean conocer y, si sientes deseos de hacer algunas cosas específicas y eres la única, pueden destinar un día o una tarde según la disponibilidad para que cada uno haga lo que desee de modo individual, ya sea ir de compras, ir a comer algo típico o visitar alguna zona, por ejemplo.

Y como cuentas claras conservan amistades, al planificar el viaje se debe considerar el tema de los gastos tanto de hospedaje, comida y excursiones, así, llegado el momento, cada quien tendrá claro qué ha de pagar y qué ya está en la cuenta común que hayan creado para el viaje.

En caso de que viajes sola, hija, además de lo que ya hemos comentado, es importantísimo que siempre estés alerta de los peligros del mundo, no eres una ingenua que no sabe lo que pasa alrededor, por eso hay que tener cuidado extremo, esto ocurre por cosas como jamás tocar un equipaje ajeno por nada del mundo, nunca ayudar a llevar una maleta, bolso, cartera…, de nadie, tomar taxis solo de líneas autorizadas, evitar dar datos personales o detalles de tu vida a extraños, aceptar el traslado de nadie por simple cortesía, tomar papeles de propagandas que reparten en la calle, aceptar un trago que no hayas pedido tú y hayas visto cómo lo prepararon, evitar lugares nocturnos si andas sola y, por último, si tienes un presentimiento sobre algo, hazle caso a tu corazón.

Viajar te hace graduarte de especialista de la vida, máster de la cultura y doctor de la experiencia...

Capítulo VI
Vive

Este apartado me encanta. Quiero decirte tantas cosas, hija. La vida te da la oportunidad de vivir cada etapa y, siempre que Dios lo permita, hay tiempo para realizar tantas cosas, lograr cada meta y, al final, nada te hace sentir más pleno que mirar atrás y ver que viviste cada momento integralmente y que te dejó los mejores recuerdos, con sus errores, claro está, si no, no tendría sentido, pues de ellos vamos aprendiendo.

Antes de comenzar a hablar de los detalles y la evolución que tenemos en cada etapa, hay algo realmente importante y primordial que debes tener presente y aplicarlo de principio a fin en tu vida: comer sano y hacer ejercicio físico; esto te permitirá contar con un cuerpo lleno de salud, bienestar y energía, todo eso necesario para desarrollar todas tus actividades plenamente.

Comer sano; hay que alimentarse del mejor modo posible, con variedad de frutas y verduras, que todos los días en tu plato dominen las verduras y proteínas, evita los alimentos procesados que no aportan nada bueno a tu salud, intenta que tu dieta no cuente con azúcares, harinas ni refrescos, tu cuerpo se sentirá bien y eso no tiene precio.

El deporte; hay que hacer ejercicio físico al menos cuatro días a la semana de la forma que sea de tu agrado, al aire libre o en un gimnasio. A veces tenemos rutinas muy complicadas y el tiempo es lo que menos nos sobra, pero aquí te digo algo: es preferible priorizar tu salud y sacar una hora de tu día para ti que pasar horas en un hospital buscándole cura a males que se pudieron evitar.

Llevar una buena vida empieza por alimentación sana y deporte.

Ahora sí podemos hablar de las diferentes etapas.

Comienza con tu niñez, la hemos de ocupar en jugar, hacer tareas, contar con amigos, montar en bicicleta, llenarte de ilusiones, soñar, idear escenarios maravillosos de hadas y creerlos con el corazón, tener tu imaginación a una velocidad incontrolable y estar llena de risas, correr sin importar el espacio que haya, llenarte de tierra, pedir muchas cosquillas y descubrir el mundo, dominar dos idiomas —estás en el mejor instante para ser bilingüe—. Cómo quisiera que leyeras este capítulo siendo una niña.

Después viene tu adolescencia, tu cuerpo e intereses cambian, notas cosas que antes no existían para ti. Aquí es muy importante la comunicación con tus padres, ningún amigo o extraño te dará consejos como ellos, sin duda, son los que quieren lo mejor para ti y lo que ellos digan lo debes analizar así no te parezca o no vaya con tus gustos, pero si lo dicen es porque ya pasaron por ahí, saben de qué hablan y te están evitando malos ratos, te guían por el camino correcto, aunque te parezca fastidioso no lo es, tu haz caso que más adelante entenderás todo; sé dócil con tus padres, la rebeldía con ellos es característica de esta edad, pero te digo de corazón que nada ganas con esto, solo crear tensiones y malos ratos, créeme, bonita.

Eres adolescente, es el momento de estudiar, conservar buenas amistades, practicar un deporte y leer libros, los que te agraden y a tu ritmo, en otro idioma ayuda mucho, ese que ya dominarás desde niña. Pronto llegará la universidad y debes ir pensando qué carrera vas a estudiar, en cuál universidad y cómo te ves en el futuro. ¿Amas los números? ¿Te apasionan las letras? ¿Te llama la atención la medicina? Irás descubriendo cuál es tu pasión, sin embargo, hay muchas personas que desde muy pequeños ya tienen claro qué desean a futuro.

En esta época pueden venir muchas tentaciones y errores, no estás preparada para responder a muchas cosas, todavía tienes poca edad y mucho que aprender, por eso es importante que hables con tus papás ante cualquier duda, cuando haya un presentimiento, cuando algo no te parezca, no puedes pedir consejos a tus amigas porque todas son igual de inexpertas o quizás hasta más inmaduras que tú.

Ante cada caso que se te presente y tú sientas que algo no va de acuerdo a tus normas o principios, detente a pensar en las enseñanzas de tus papás y jamás temas decir no, eso no te hace débil, al contrario, te vuelve más fuerte de lo que crees y adquirirás la voluntad y el carácter que tanta falta hacen en la vida.

En esta etapa, también llegan cosas como el cigarrillo, aquello de probarlo para sentirte grande, mujer, poderosa; nada que ver, totalmente innecesario y negativo. Ni hablar de las drogas, solo nombrarlas me da pavor, pues te confieso, hija, que toda mi vida les he tenido un miedo absoluto y siempre las he visto desde muy lejos, sé que no son un juego, dado que matan a millones de jóvenes cada año, destruyen el cerebro, son un enemigo que no queremos tener cerca; son como todos los vicios: dañinos, perjudiciales..., absurdos.

Y ese es un pequeño ejemplo de tantas cosas que se presentan en esta época tan difícil, la cual hay que tomar con calma, con conciencia, sin dejarse llevar, porque, hija, muchos de los errores de la vida se cometen en la adolescencia por tantos cambios, hay inseguridades, muchas cosas que canalizar y por eso es mejor vivirla tranquila, ver todo desde fuera para tomar las decisiones y no lanzarse sin control a vivir algo desmesurado, cuyas consecuencias pueden no ser positivas.

Hasta no ser mayor de edad debes llevar la vida como corresponde a esta etapa, basándote en tus estudios, disfrutando de actividades sanas con tus amigos y ocupada en cosas útiles para tu futuro. Posterior a eso, tendrás que continuar con las buenas costumbres, pero vendrán nuevas responsabilidades y metas.

Aquí pasamos a la juventud, por fin eres mayor de edad, cómo ansía uno alcanzar esa meta para ser libre, entrar en lugares nocturnos, manejar, ingerir licor que tanto daña nuestra salud y juventud. Aquí se emprende un tramo hermosísimo en la vida, vienen unos años increíbles, tu juventud y tu adultez. He de aclarar el tema de la libertad, porque, generalmente, vivimos con nuestros padres mientras estudiamos, entonces hay que tener claro que es una libertad para trámites legales, administrativos, financieros, pero, por lo demás, se tienen que seguir respetando las normas de papá, es su casa, son sus normas, nada cambia al tener dieciocho, quizás te parezca molesto debido a que «ya eres grande», pero después, cuando tengas tu casa, comprenderás que tú pones las normas y se deben respetar, ya llegará tu momento, por ahora es ocasión de respetar la casa de papá y no lo veo como una imposición, sino como algo positivo que te formará en valores para ser una persona excelente; entre tanto, disfruta de la comidita caliente, de la compañía de tus padres y hermanos y de ese cuarto de soltera que luego extrañarás, porque ¡cómo se echa de menos la casa de papá cuando se es adulto!

Comencemos con la juventud hasta los veintiocho años aproximadamente, para mí es la etapa más especial que puedas vivir como persona independiente, aquí acumularás los mejores recuerdos de tu vida, aquellos que contarás con tanto orgullo y emoción una y otra vez en tu futuro. Comienza con la universidad, un período único, maravilloso, cada día es una aventura llena de risas, nervios, aprendizaje, sin duda, hay que experimentarlo. Después te gradúas y emprendes tu vida profesional. Si desde niña has ido persiguiendo un sueño, te aseguro, hija, que estará esperando por ti, pues te esforzaste, así es la vida, cuando se lucha realmente de corazón por algo, ella te lo dará, dado que la vida premia la constancia y la perseverancia.

En base a esto, lucharás por el trabajo de tus sueños o lo que más se acerque, incluso será mejor de lo que soñaste, porque hasta no vivirlo no creerías lo fabuloso que llega a ser, por supuesto, habrá días que te preguntarás si de verdad para eso luchaste tanto, pero tranquila, es parte del crecimiento vivir esa angustia o ese sentimiento de desear dejar todo hasta ahí, son momentos que pasan y con todo ello adquirirás experiencia, disfrutarás tus logros, comenzarás a comprar tus propias cosas, a planear los viajes que siempre soñaste y, por supuesto, a ahorrar para un plan financiero efectivo para no pasar tu vida dependiendo de ningún sueldo. ¿Cómo se hace esto? Con organización, hija, por ejemplo, alguien que estudia algo, se gradúa y no sabe qué hará, probablemente, se deba conformar con lo que consiga, y la mayoría de las veces será un empleado infeliz y frustrado porque no pensó en su futuro y no guio su destino, solo lo dejó para después.

En este tramo de tu vida conocerás muchísimas personas, harás grandes amistades, recordando siempre dar lo mejor de ti y ser leal y prudente. Tendrás roce profesional, te harás cada vez más interesante, sumarás experiencias, madurando poco a poco cada día con toda decisión y equivocación, aprenderás de la gente valiosa a tu alrededor, contarás con personas cercanas a quienes admirarás, de ellos toma todo lo que te guste, imita su proceder y desecha lo que no sea para ti, habrá personas que no aportan nada, incluso algunas serán una carga, esas no deben estar ahí, sencillamente, da las gracias por su tiempo, pero continúa sin ellas.

Y así va esta etapa que, bajo control y con madurez, es increíble, te mueves entre el trabajo, tu círculo de amigos, haciendo ejercicio, comiendo sano, fortaleciendo tu parte espiritual, ayudando a los demás, sobreponiéndote a algún desamor, canalizando tantos cambios que muchas veces no son fáciles de llevar, definiendo tus gustos como cuál es tu comida favorita, si te gusta más vivir en una gran metrópoli o sientes que para ti es mejor un lugar apacible, tranquilo.

Es una época para planificar tus finanzas para un futuro, en esta ponemos números límites en nuestra mente que devendrán cambios en tu rumbo, como cuánto tiempo seguir esa rutina, cuánto tiempo permanecer en un trabajo, a qué edad formalizar una relación; es bueno plantearse todas estas metas, aunque te digo un secreto: más adelante querrás más de cada cosa, se irá ampliando tu horizonte de posibilidades, pero contarás con la satisfacción de que cada etapa tuvo una razón necesaria de preparación para la siguiente.

Es el tramo que va de los treinta a los sesenta, sí, sé que es mucho, pero este tiene algo muy particular, hija, son los hijos, así es, llegó el momento —si es tu decisión— de crear un hogar, ya tienes una base económica para compartir gastos con otra persona, probablemente, ya alguno de los dos o ambos posean su casa, sus ingresos, están culminando sus maestrías, están luchando por sus sueños y ya cuentan con la madurez para entender lo grande que es formar una pareja.

Por eso te insisto, hija, que la etapa anterior es la más hermosa del mundo, pues es tuya, son tus éxitos, tus fracasos, tus secretos, tus escapadas, tus fines de semana de dormir sin parar, sin pensar en nada más.

Ahora, a nivel personal, todo varía, eso no quiere decir que para mal, es más, es hasta más bonita, diferente, ya debes pensar en dos y, si hay un bebé, tienes que pensar en tres, pero nunca te dejes de lado, siempre te lo digo, tú has de estar bien para que todo funcione a tu alrededor, pero ya no eres solo tú, ahora hay un ser que amarás y necesitará tu apoyo, tu atención, tu cariño y luego vendrá un ser de ti, momento en el cual se marca un antes y un después.

Es una época llena de responsabilidades, pero ya eres una adulta, posees experiencia y puedes enfrentar todo esto con mayor tesón, dado que sabes cómo actuar frente a muchas situaciones que antes te hubiesen tumbado, ahora entiendes que hay cosas que sencillamente se dejan ir, y es que los años no pasan en vano, son una escuela que no para, así que podrás lidiar con tus responsabilidades y con la libertad, porque si algo trae la edad adulta es libertad, hija, ya no estás aferrada al permiso de tus padres para todo, pues no eres una adolescente, ni estás sometida a un jefe por tu trabajo o bajo la presión social que se pueda sentir en la juventud, ahora eres tan dueña de ti que, si lo venías haciendo bien de aquí en adelante, será aún mejor.

Tienes mayor libertad económica, empiezas a crear proyectos muy apasionantes, sabes claramente qué quieres, organizas escapadas para descansar calladita en tu mente y disfrutas cada detalle que vivirás porque así lo anhelas, aprendes a amar de maneras inimaginables, valoras más a tus padres, a tus amigos, la vida se vuelve calma y, si no es así, trabajarás para que lo sea.

Y hasta aquí te acompaño yo en este capítulo, aún no llego a los cuarenta, pero, como sueño con esos años, si se me permiten vivir, ¡espero que así sea!

¿Cómo los planifico? Con ilusión, esa que me deja ver tantas parejas de adultos con hijos encaminados y ahora están ellos viviendo una segunda historia de amor, de nuevo como una pareja donde se miman y se tienen el uno al otro, regresa esa picardía y ese tiempo para dos, que seguía existiendo, pero adaptado a un entorno más familiar, y disfrutan de lo cosechado, de una vida bien habida.

Algunos desarrollan destrezas que siempre habían querido aprender y no tuvieron tiempo, otros se dedican a viajar, a disfrutar de sus nietos, a deleitarse con un buen café con sus amigos y tienen conversaciones llenas de una riqueza cultural envidiable, porque a eso debemos apuntar, a llegar a nuestra vejez llenos de cosas hermosas que dejar al mundo, y esto no es solo en la vejez, desde la niñez tenemos que apostar a dejar el mundo un poco mejor de lo que lo encontramos, claro que se puede, así sea con algo pequeñito; si todos lo hacemos, se vuelve enorme.

Con control, intensidad y voluntad...

Capítulo VII
Aprende a tratar
a los demás

Como trates a los demás va a definir cómo eres y de qué estás hecha. Recuerda, hija, que todo lo que vemos en los demás es el reflejo de quién eres, los otros son tus espejos y, en la medida que seas empática, cariñosa, abierta a escuchar puntos de vista y respetarlos, así te irás alimentando tú misma.

Hay una palabra que has de tener presente en cualquier relación interpersonal: respeto. Hay que aprender a respetar al otro, dado que resulta que todos somos diferentes y eso es lo bello de la vida, los matices que vas encontrando en el camino.

Hay personas muy serias, muy alegres, algunas te hablan profundamente de religión, otras te describirán las estrellas, quienes siempre estarán buscando el chiste en todo o hablarán hasta el cansancio, incluso a otros te tocará sacarles las palabras de la boca, pero así es la sociedad, está formada por todo tipo de personalidades que debes respetar y aceptar, así, habitualmente recibirás ese respeto de vuelta, sin embargo, jamás aceptes groserías, malos tratos, feas palabras, el desdén o desprecio de alguien; a esas personas deséales buena suerte y que sigan su camino, porque en el tuyo no son necesarias y no van a estar.

Algo que me costó bastantes malos ratos y errores aprender sobre el trato con los demás es a ser prudente, solo yo sé cuánto me habría ahorrado si hubiese tenido el don de la prudencia, la aprendí ya avanzada en el camino, pero nunca es tarde. Qué cambio produjo en mi andar.

Ser prudente es entender que no todos quieren oír lo que tú tienes para decir; es saber que hay muchos momentos en que es preferible callar y solo escuchar antes de emitir opiniones que agraven situaciones; es saber utilizar el silencio como el mejor consejero y no una palabra que no te han pedido, aquello de emitir tu opinión porque crees que es lo correcto déjalo de lado si no se te ha consultado, esto te ahorrará unos cuantos desplantes, aunque tengas la razón y sea importante; es reconocer que el otro piensa distinto a ti y no por eso debes obligarlo a pensar como tú; es comprender que hay personas que sienten que siempre tienen la razón y contra eso no puedes luchar, hacerlo sería desperdiciar una energía enorme en algo improductivo; es ser elegante, saber llamar la atención solo con tu presencia, no con tus ropas o tus joyas; es no mostrar algo que pueda ofender al otro, no demostrar abundancia en un mundo de necesidades; es controlar gastos, ajustarte a tu presupuesto y, en muchas ocasiones, al de los demás.

Esto me hizo recordar una ocasión en la que culminé un curso de inglés y la profesora nos invitó al día siguiente a desayunar en su restaurante favorito, aceptamos y todos asistimos, pero a la hora de pagar ella tomó la cuenta, puso su parte, se paró y se fue, a muchos de los presentes no les daba su presupuesto, pues era un lugar costoso, sus alumnos eran de distintas nacionalidades, cada uno estaba ahí por un motivo diferente y quizás no esperaron ese tipo de desayuno, sin duda alguna, la profesora debió ser prudente y pensar un poco mejor cómo y dónde organizar la despedida del curso, ya que ocasionó un momento incómodo.

Detente a pensar y sé lo suficientemente cautelosa para saber tomar una decisión que involucre a distintas personas, ya sea por sus costumbres, su forma de ser, sus preferencias o sus gustos y cómo se sentirán en base a esa decisión, debes pensar si eso va a afectar su orgullo, sus sentimientos o si hará embarazoso un instante.

El ser prudente ayuda a ser más educada, hija, te hace ser más agradable, de ese tipo de personas que provoca invitarlas a todos lados porque saben adaptarse a cualquier ambiente; esta clase de gente está llena de paz y es una excelente interlocutora, se trata de personas que son escuchadas al hablar. Ese es el problema de los imprudentes, que se tornan fastidiosos y dejan de tener importancia en la conversación, sus opiniones no son tomadas en cuenta cuando muchas veces son interesantes y pasan a ser, al contrario de lo que ellas quieren, invitados no gratos.

Otra cualidad que es necesario enriquecer, hija, es el agradecimiento, qué importante es ser agradecido en la vida, esto te abre puertas, te crea nexos fuertes con las personas y con Dios, sé agradecida y no olvides fácilmente lo que han hecho por ti, una mano amiga siempre la has de tener presente y estar ahí para ella; a veces, cuando te ayudan, puedes pensar que te lo merecías o, cuando echas una mano a alguien, lo pueden tomar como que era tu obligación, resulta que no funciona así, si alguien no te quiere ayudar no lo hará y listo, entonces, para aquella persona que ha estado, estuvo o esta para ti, constantemente deberá existir el agradecimiento como demostración de respeto y amor.

Ahora quiero hablarte de la empatía, todos vamos por el mundo perteneciendo a una sociedad, no estás tú sola, es importante que lo tengas claro, muchas personas lo olvidan y son profundamente amargadas. El hecho de tener una vida social implica entender a los demás, no solo importas tú, por eso sé empática, comprende al otro, crea afinidad, intenta estar en su misma página siempre y, cuando esto no te afecte negativamente, todo con control, por ejemplo, si ves a alguien pasando un mal rato o alguna tristeza tienes que ser empática, estar ahí para apoyarla, entender que es un momento duro y te necesita, o si, por ejemplo, alguien llega con una gran idea, un proyecto, tú debes alegrarte, animarlo a luchar por sus sueños, no tirar sus ilusiones a la borda.

Es tan importante la empatía y hace la vida tan bonita que has de practicarla habitualmente y que forme parte de ti, de tu esencia. Pero no solo con tu entorno al que seguramente amas y confías, también sé empática con los desconocidos; una sonrisa, una palabra amable, un gracias, por favor, buenos días, que tengas feliz noche, crea nexos instantáneos de acercamiento, origina el hábito de tener afinidad con tu entorno. No te imaginas cuánto aprenderás de todos a tu alrededor, además de hacerte la vida cada vez mejor, con esto evitas problemas, malentendidos o rencillas; una regla de oro, recuérdala siempre, hay que evitar los problemas a toda costa, nunca traen nada bueno, para ello, utiliza estas herramientas sencillas pero funcionales: el respeto, la empatía, el agradecimiento, no tomarse todo personal y el silencio como los sabios.

Uno de los sentimientos más bellos que tienen los seres humanos es el amor, así lo dicen todas las religiones, debemos amarnos los uno a los otros, esto conduciría el mundo por un camino más adecuado, su contrario, el odio, solo ha causado desgracias, y es que no solo provoca daño al otro, sino, principalmente, a la persona que lo siente. Quien odia, quien siente envidia o le molesta el bien o éxito del otro es una persona oscura, eso es lo que atraerá a su vida. Hay que estar lo más alejado de esto; se ha de estar llenos de amor, eso nos hace felices, agradecidos, plenos y exitosos.

¿Cómo lo logras, hija? Viendo lo bonito que hay en el otro, alegrándote por su progreso, ayudando, siendo servicial, honrada, cuidando la naturaleza, sus elementos, no contaminando, la tierra nos necesita, con nuestras acciones estamos cambiando el clima, alterando el equilibrio del planeta, destruyéndolo. Tenemos que ser fuerzas transformadoras de un cambio de mentalidad y actitud, porque es nuestra obligación cuidar el mundo, ir desde lo más básico como no utilizar plásticos de un solo uso hasta ser agentes activos para la masificación del uso de energías renovables, protegiendo a los animales, hay que concientizar a todos sobre la depredadora caza furtiva que tanto daño está haciendo a la conservación de las especies, ayudando a los ancianos, educando a los niños, aceptando con resignación las pruebas que te pone la vida y entendiendo que todo pasa por algo.

Nada de esto es sencillo, requiere un espíritu bueno, una vocación de corazón, incluso aprender a ser así, proponerte cada día ser mejor, si hay algo o alguien que desate en ti un sentimiento inapropiado siéntate a reflexionar, a ver que está pasando dentro de ti, por qué te hace sentir así, cómo puedes mejorar y, por supuesto, desechar esos sentimientos de tu ser. Una gran ayuda es el fortalecimiento de tu parte espiritual, dependiendo de tus creencias, cada culto tiene modos de acercarse a la plenitud, ya sea leer la Biblia, el Corán, meditar, respirar, orar, son fundamentales para llenarse de paz, para aceptar la vida con amor y darle a los demás lo que tenemos dentro de nosotros.

Por último, pero no menos importante, hija, recuerda que estas palabras de amor no tienen un orden específico, todo importa en la vida; por eso, ahora te quiero decir: sé humilde, hija, de corazón, de mente, de espíritu, elimina la soberbia de tu vida, que nada bueno traerá nunca. Ser humilde es reconocer que somos frágiles y nos equivocamos, es darle al otro importancia y aprender de él, siempre podremos adquirir conocimientos o experiencias del otro, conoce tus límites, hija, no podemos hacerlo ni ser perfectos en todo, es más, quizás no lo seamos en nada y eso no nos hace menos, tan solo demuestra que somos humanos.

Tenemos que esforzarnos por mejorar día a día, aprender de los demás y ayudar sin esperar reconocimiento, solo con el corazón. No hay que andar vociferando los éxitos, al final, eso es algo muy tuyo y quien lo deba saber lo sabrá, valorará y estará ahí celebrando contigo cada paso hacia tus metas.

Como puedes ver, hija, esto es mucho de lo que te quiero decir, deseo que lleves una vida tranquila rodeada de gente buena que te ame por cómo eres, que cuenten contigo, que ayudes a los demás, que alimentes tu corazón y lo llenes de cosas bonitas, que seas un espejo para todos de optimismo y serenidad, que seas prudente al hablar y nunca hagas sentir mal a nadie con tus palabras o acciones, sé que no estamos aquí para complacer a todos, pero podemos poner de nuestra parte para hacerlo lo mejor posible y, principalmente, que derroches alegría, nada más contagioso que la felicidad.

Llena el mundo de tu sonrisa, seguramente, te lo retribuirá.

Da lo mejor de ti al planeta, a la humanidad, y siempre sé amable...

Capítulo VIII
Ahorra

Hija adorada, el objetivo de ahorrar es lograr la independencia financiera.

Este capítulo debería ser aplicado desde muy muy joven, porque, cuanto antes comiences, mejores y prematuros serán los frutos. Hay que ahorrar inteligentemente, eres de una época mucho más moderna que la mía, a pesar de que la mía no está tan atrás, pero ha habido un avance espectacular a nivel de tecnología que marca una notoria diferencia en la forma de llevar las finanzas.

Nunca ha existido tanta facilidad en el acceso a la información como ahora y eso has de aprovecharlo para tener una economía sólida, estable e inteligente.

Como debes saber, ya la época de trabajar y guardar el dinero en un banco y trabajar y trabajar hasta alcanzar la jubilación quedó atrás, eso es periódico de ayer.

Sí, es importante contar con dinero en efectivo para tener liquidez porque es necesario para el día a día, para imprevistos o para alguna emergencia. Este ahorro de efectivo tiene que hacerse en monedas fuertes que te permiten contar con respaldo con un nivel de riesgo más bajo, nada de monedas de tercer mundo cuya devaluación hace desaparecer tu dinero sin que te des cuenta; estamos claros que aún las monedas fuertes como el dólar estadounidense se devalúan al menos dos por ciento anual, pero esta devaluación es más controlada que en las monedas débiles.

Aclarado este punto, debo hablarte de las inversiones. En el mundo de hoy en día, no hay excusa para no invertir, no se tiene que ser un experto conocedor para hacerlo. Anteriormente, el acceso a las inversiones estaba muy restringido a un grupo selecto de personas, pero, actualmente, se encuentra a la mano de cualquier inversor.

La clave está en la diversificación; distribuye tu capital en monedas fuertes, en acciones de la bolsa de valores, en materias primas, en criptodivisas, en bienes raíces, en bonos del Gobierno, en compañías con gran potencial, hoy en día, Apple, mañana, quizás, una que al momento de escribirte estas líneas no existe; de esta manera, contarás con muchos instrumentos para que el dinero trabaje para ti y no al revés.

Para invertir seleccionando activos específicos, conociendo sobre retornos, crecimiento o rentabilidad, necesitas una preparación profesional; sin embargo, no es excusa no contar con este conocimiento, ya que existen métodos prácticos para hacerlo, como, por ejemplo, los fondos de inversión cotizados.

Quizás, si todavía no lo has hecho, esto te suene un poco complicado, pero te puedo decir que, al investigar un poco, verás que no lo es, incluso el acceso a las plataformas de inversión es comparable a una red social, de hecho, existen las llamadas plataformas de *social trading*.

El conocimiento tú lo adquieres al nivel que desees o necesites para tu inversión, el secreto está en que debes colocar dinero con un patrón constante en distintos activos con potencial de crecimiento en lugar de colocarlo en un banco; dado que, más adelante, al entrar en juego cosas como el interés compuesto, te permitirá en unos años haber convertido esos ahorros en muchísimo dinero, entonces podrás lograr la independencia económica antes de lo esperado.

Ahora te quiero hablar de un punto muy importante que me apasiona y que aplica de modo particular en las finanzas: la adaptación a los cambios. Para ello, es importante hablar de la evolución que ha tenido el dinero a través de la historia, donde, al situarnos al principio de la humanidad, era el trueque el sistema de pago e intercambio de bienes y servicios, luego fue evolucionando hacia la utilización de los metales preciosos, sentando bases para lo que vendría un tiempo después, el papel moneda, avanzando esto hacia las tarjetas de crédito y así llegamos a lo que hoy son las criptodivisas o criptomonedas, y el día de mañana será algo más.

No te resistas a los cambios, hija amada, entiéndelos, adáptate y colócate desde temprano en una posición privilegiada.

Para concluir este capítulo, quiero trasmitirte algo que muchas veces he oído y me parece bastante inteligente, interesante y funcional, y es que se deben tener al menos siete fuentes de ingresos pasivos, tú analizarás cuáles son las que te sirven a ti, con cuáles te sientes a gusto y trabajarás en ello.

En tu juventud, trabaja y genera una base para comenzar a invertir y, si haces las cosas adecuadamente, te aseguro, hija, que tendrás unas finanzas sólidas que te generarán mucha tranquilidad; no tendrás que trabajar para nadie, podrás disfrutar de muchas cosas que, de otro modo, serían imposibles y ganarás lo más importante: tiempo; tiempo para que lo dediques a hacer las cosas que amas y con quien amas.

«Si no encuentras una manera de ganar dinero mientras duermes, trabajarás hasta que mueras».

Warren Buffett

Capítulo IX
Escoge al amor
de tu vida

¡Ay, hija, este tema!

Aquí incluiría el emoji del monito tapándose los ojos con las manos.

¡Qué asunto el amor!, debo empezar por aclarar que desde que supe que serías niña pensé: «¡No quiero que sufra por ningún hombre, es mi deber enseñarla a escoger al correcto!». Pero, como todos sabemos, la vida no es así, el corazón es libre, pícaro, testarudo, se pelea continuamente con la mente, y aquí viene el gran ¡pero eso no ha de ser de ese modo, punto!, esta es tu vida y tú decides qué tonalidad le das, por mi parte, lucharé a morir para que sean las tonalidades que más te gusten, es tu decisión conseguir a un hombre maravilloso que te haga la vida aún más bonita o un troglodita que te la convierta en un infierno.

Por favor, sé inteligente en este tema, al salir tu corazón desbarrancado a entregar esos sentimientos hermosos a alguien ve con cautela, puedes hacerlo, créeme, mi amor, que la vida no se acaba si no contestas a un mensaje, tómate tu tiempo, mira el entorno con calma, ve cómo te trata, cómo se comporta con sus amigos, déjale demostrarte lo caballero que es, cómo reacciona ante una equivocación tuya es determinante para futuros malentendidos.

Si sencillamente ves que hay algo que no va con tus principios, con tu forma de ser, con tus planes y proyectos o con tu hombre soñado, dale las gracias y educadamente muéstrale que no hay otro interés más allá de una amistad.

El hombre maravilloso, increíble, que cada día amarás más y con el que desearás y pedirás a Dios poder llegar hasta el último día de tu vida —en realidad, no por un acto social o por obligación—; porque te hace reír, te hace sentir y ser libre, feliz, ser tú, te agrada hablar con él, es tu pareja, lo deseas, te respeta incorruptiblemente dado que desea respetarte y tú a él, mutuo buen trato, cariño, fidelidad, lealtad, detalles, palabras bellas y muchas risas siempre con él debido a que es tu complemento. Te aseguro, hija, que ese hombre existe y se van a encontrar.

Existe, aunque las incrédulas del amor digan lo contrario, porque es muy común que a muchas personas les va mal en el amor y digan que todas o todos son iguales y resulta que la igual es ella, la que siempre escoge un prototipo de hombre equivocado, la que es una amargada. Este punto es muy importante, no creas que lo tienes todo ganado, que eres perfecta, que no debes modificar nada en ti, que ¡así eres tú y punto! ¡No, no y no! Te has de calmar, esa actitud no está bien debido a que nadie ha de soportar nada de ti como tú tampoco lo harás; sé agradable, educada, nada de estar peleando, gritando, acosando, persiguiendo o siendo una aburrida que no quiere hacer nada, eso tampoco está bien, por más que lo veas todos los días y se cree un vínculo muy íntimo, nunca se debe perder la esencia del amor y el respeto hacia esa otra persona.

Claro que vas a conseguir a tu amor bonito, a tu hombre perfecto, pero pon de tu parte para que esa persona cada día se sienta más agradada contigo. Una pareja es algo hermoso, relajante, placentero, pero es como un trabajo que requiere esfuerzo, dedicación y se tiene que hacer con todo el gusto del mundo. Debes estar linda para él, aseada, oler rico, hacer ejercicio, comer sano, acuérdate de que somos muy visuales y eres lo que él ve todos los días, entonces esfuérzate por verte bien, consentirlo; hay muchas mujeres que pretenden que el hombre este ahí feliz y ellas no se arreglan, no son divertidas, no quieren salir con él, no son apasionadas, no comparten sus pasatiempos, no son agradables con sus amigos y luego se preguntan qué pasaría con su matrimonio, por qué dejó de quererla, por qué apareció otra, no sabe qué pasó si hizo todo bien y no se evalúan por un minuto. No digo que si no haces todo para estar perfecta se va a acabar, nada de eso, porque precisamente un amor real te deja ser espontánea; digo que la vida está hecha de detalles y en el amor se profundiza aún más.

Entonces, hija, dime tú, si una pareja requiere tanto cuidado, ¿vas a desperdiciar toda esta maravilla que eres con alguien que no haga lo mismo por ti? Pues de ninguna manera, por eso hay que elegir bien para encontrar un amor bonito, fuerte, estable, que apoye tus sueños y te haga sentir cada día más plena.

Claro que habrá problemas, no es que todo es un cuento de hadas donde cada día te despiertas escuchando el trinar de los pajaritos, no funciona así, pero los inconvenientes se ven muy reducidos y bajo una buena comunicación se resuelven de forma pacífica y rápida, olvidándolos y no quedando con eso en el corazón para sacarlo ante cada posibilidad de dar en la llaga al otro, sin alterar tu úlcera ni tus niveles de glucosa.

Haz una lista, esto es un tema importante, hay que dedicarle todo lo que es necesario, piensa qué buscas que tenga esa persona como cualidad, lo que es importante para ti, cómo eres tú y cómo tendría que ser su personalidad para encajar en tu vida y tú en la de él, sé realista. Para eso, hija, es la etapa de las citas, para conocer a la persona, ver su entorno, su actuar, sin avanzar más allá.

Porque es muy común que de las citas se pasa al noviazgo y, de repente, vino el matrimonio y resulta que ya estaba Fernandito dentro de su vientre y, ¡boom!, todo llegó junto y él te pega, no quiere a tu familia, hay noches que no llega, y eres tremendamente infeliz y llorando lamentablemente en las noches, en tu soledad te preguntas: ¿qué pasó?

Y es ahí donde te digo que no te diste el tiempo de conocerlo, de analizar si era la persona correcta para entregarle tu amor, tu cuerpo y algo aún más importante, lo más importante, traer un niño al mundo, esto es otro nivel de irresponsabilidad bajo esas circunstancias.

Retrocedamos un poco. ¿Él te pega? Esto nunca debe suceder y, si ocurre, la primera vez descubriste que es un loco y te vas, te alejas para siempre, buscas ayuda legal si es necesario, pero más nunca veas a ese desgraciado, ahora, si te quedas y vuelve a pasar, será porque te gusta el sufrimiento, dado que te debiste ir a la primera, en estos casos nunca se espera a que se dé de nuevo.

También hablemos de Fernandito, ¡que a mí no me pasa, dicen las chicas!, créanme, si lo estoy escribiendo es porque pasa ¡y mucho! Cuando se tienen relaciones sexuales, así sea rápido, lento, planificado, una noche de copas, con el esposo de diez años, en la luna de miel, con mi novio de cuatro meses, existe la posibilidad de un embarazo o una enfermedad de trasmisión sexual si es con una pareja no estable, además de muchas otras cosas que normalmente no se hablan, como las huellas que deja un encuentro sexual en el cuerpo, el alma y la mente.

Somos seres humanos con muchas debilidades, terminaciones nerviosas, hasta traumas que se van alimentando de modo no adecuado cuando se cambia de pareja, por eso es fundamental cuidar nuestra parte sexual; por respeto a tu cuerpo, a tu integridad y tu moral.

Estamos claras que cada quien puede hacer con su vida íntima lo que le provoque, con quien desee y como quiera, eso no es problema de nadie más que de las personas involucradas directamente, pero, en este caso, me toca a mí decirte que es una parte delicada, hermosa, sublime y hay que cuidarla, además de llevarla de la mejor manera, con responsabilidad e inteligencia, como, entre muchas cosas, cuidarnos de un embarazo no deseado, de una enfermedad de transmisión sexual o de algunos galanes que van por la vida creyéndose dueños del mundo y engañan y humillan al otro a su antojo ante su ignorancia exponencial.

Por lo tanto, cuidado con fotos, videos o redes sociales, que algún día, quizás no mañana, sino en veinte años, te puedan afectar gravemente. Créeme, hija, nadie necesita eso para amarte más o para desearte más, y claro que se debe jugar con tu pareja, pero en la intimidad, eso no le incumbe a nadie fuera de la habitación.

Y no podemos dejar de hablar de este tema, bella hija, ¡cuidado con círculos amorosos conflictivos! Hombres casados, comprometidos, la pareja de tu amiga, esas traiciones regresan a ti, nada incorrecto que hagas te va a premiar en la vida. Al contrario, te hará una perdedora, alguien que no se quiere a sí misma. Es muy fácil evitar todo esto teniendo tu código de conducta amorosa, puedes hacerlo enumerando cosas como no fijarse en hombres con pareja, en hombres con hijos de diferentes madres —sin duda, no es una buena señal, por más que diga que no funcionó por culpa de la madre de los niños, ya te está demostrando el tipo de padre que será si van más allá—, en hombres con algún historial policial, estar atenta a conductas como celos, posesión, obsesión, agresividad, desaseado, perezoso, misterioso, ay, qué te digo de los misterios, siempre terminan en una esposa, un hijo, un fraude, una indefinición sexual o un mafioso; cuando observes misterios, ¡te alejas! Evita malos ratos.

Como verás, solo debes ser inteligente emocionalmente, tener claro tanto qué vas a permitir como qué no; qué es discutible y qué no; qué no podrías arriesgar jamás y qué sí, como tu paz interior, por ejemplo; qué eres capaz de aceptar y llevar adelante, como un hijo suyo, esto no es un juego, reflexiona si el día que conozcas a alguien y tiene hijos de relaciones previas podrías con ello, si para ti sería una alegría, algo positivo o si, al contrario, no podrías luchar con la idea de que su ex, la mamá de su hijo, esté ahí para toda la vida o tal vez eres de las personas que no pueden compartir su amor con alguien que es totalmente inocente de la situación, porque así es tu personalidad y todo es respetable; en estos casos, el mejor escenario para que la pareja funcione en equilibrio radica en que ambos estén en la misma situación, los dos con hijos o sin ellos, habría un mayor entendimiento debido a que, al estar en la misma página, es más fácil ponerse en los zapatos del otro y comprender muchas cosas, esto te puede ahorrar bastantes problemas.

Pero para que las cosas estén claras has de pensar en ello, no es un tema que te debe llegar de sorpresa, así va este asunto tan importante, con planificación, porque así tendría que ser la vida. Con esto no estoy desechando la espontaneidad y la sorpresa, pero sí estarías poniendo en orden las cosas, créeme, hija, que esto evita inconvenientes a veces muy graves, incluso una vida desdichada.

Por lo tanto, no hay que ir pensando en pajaritos preñados, como dirían en mi país, hay que caminar con la cabeza centrada, sabiendo que las cosas se hacen con responsabilidad, con claridad y madurez en tu actuar, y te aseguro, hija, que conseguirás a un buen hombre, honrado, alegre, cariñoso, exitoso, que te proteja y te respete, para quien seas su todo y siempre te quiera ver mejor, ese hombre especial que te tratará como la flor más delicada e intocable y querrá verte más feliz cada día, como lo dije en mis votos matrimoniales: «Que juntos logremos más de lo que cada uno lograría por separado».

Que juntos logren más de lo que cada uno lograría por separado...

Capítulo X
Sé una buena pareja

Hija, espero que para usar los consejos de este capítulo pasen muchos años. —Risa nerviosa y temerosa—.

Ser pareja es algo tan bello, muchos especialistas hablan acerca de que es el estado ideal del ser humano, y yo apoyo esta teoría, si bien el estar solo es fabuloso y se disfruta increíblemente, si es tu destino o tu intensión estar en pareja, no cabe duda de que es algo mágico.

Pero no hablo de estar acompañado, porque para eso te rodeas de amigos y familiares, se trata de estar en plenitud al lado de alguien por amor, por decisión propia, dándole a esa persona lo mejor de ti, donde cada día te despiertes, te levantes de la cama y te pongas bella para ti, pero sabes que ese ser que comparte su vida contigo lo va a admirar. Te debes haber fijado en lo que dije «comparte su vida contigo», y es que ya hablamos de escoger al amor de tu vida, pero esta parte se trata de cómo llevar la vida en pareja, esa que lleva a tantos matrimonios al fracaso, esa que, si es con la persona equivocada, será el peor infierno que puedas vivir y que desembocará en un divorcio, una separación, en fin, en sufrimiento, y es que, para estar juntos, amarse no es suficiente.

Debe haber otras cualidades, detalles y vínculos que los haga tener una buena convivencia, son dos personas, dos mundos, dos formas de ver las cosas, dos que se unen para llevar adelante un proyecto en común, el cual deseamos que sea exitoso, por el que apostamos con el corazón. Por ello, la regla número uno para que todo empiece como ha de ser es poner las cosas claras, establecer los límites que cada uno maneja, definir manifiestamente qué es para ti limpieza o cuál es el nivel de ruido que toleras antes de un dolor de cabeza. Aquí no estoy hablando de ser sumisas ante nuestra pareja o cambiar nuestro modo de ser o hacer las cosas, me refiero al respeto, ese que es tan común que se pierda con el tiempo en las parejas.

Hay que hablar de todo con tu pareja, tus costumbres, tus rutinas, tus mañas, a qué hora te gusta comer, te da igual sentarte sola en la mesa o quizás eres como yo, que prefieres comer acompañada y te gustaría que él, en la medida de lo posible, te hiciera compañía hasta terminar tu café con una entretenida conversación, quizás detestas que coman en el sofá o el cuarto, acordar que alguno lavará los platos sucios si el otro fue quien cocinó, probablemente, el secador de cabello suene todos los días, ¿te gusta el ambientador de lavanda?, ¿eres de los que detesta el olor del incienso o lo amas?, ¿prefieres las sábanas blancas o estampadas?, ¿te vas a la cama temprano o eres de los que se acuestan muy entrada la madrugada?, y otros aspectos más delicados como la compatibilidad de credo, ideología política..., temas delicados, pero que hay que abordar para marcar pautas de respeto y entendimiento.

Son tantos detalles de la vida de pareja que se han de tratar que no deberíamos dar nada por sentado, son situaciones que se irán aclarando con el tiempo mientras se conocen, pero que te permitirán estar en sintonía con el otro y no acumular insatisfacciones que luego se conviertan un en *boomerang* de quejas y reclamos.

Vivir en pareja significa ser un buen compañero de casa, de cuarto, es hacer reír al otro, despertar de buen humor, agradecer una comida caliente, si sales a la panadería tráele algo que sabes que le fascina comer de allí, sorpréndelo con su acondicionador para caballero, que él seguro te llegará un día con unas rosas sin que haya un motivo para celebrar más que se aman y están ahí el uno para el otro.

Vivir en pareja, entre otras cosas, es mantener las condiciones de convivencia bajo la mejor presentación; no hablo de una casa llena de obras de artes, sino de aspectos básicos como la limpieza y el orden, si tu pareja es ordenada, vamos, el terreno está aplanado, pero, si no, hay que establecer normas, porque tu hogar tiene que estar limpio y bajo las condiciones más armónicas posibles, echa mano de tu especial sentido de delicadeza para tener un lugar bonito y agradable de convivencia, pues, aunque parezca banal, un entorno limpio, ordenado y bonito marca una gran diferencia en la percepción de la vida.

En muchas ocasiones, tú harás cosas o él hará algo que no te gustará, para ello, hay que charlar con todo el amor del mundo, sin caer en rabias o alteraciones de voz, las cosas se hablan, se aclaran con cariño y se mejoran; hay que tener claro que no todos los días estamos del mismo humor, hay jornadas que no nos soportamos ni nosotros mismos, sobre todo las chicas cuando están en sus días delicados del mes, no es fácil controlar el síndrome premenstrual, eso hay que entenderlo y dejar a la otra persona tranquila mientras todo vuelve a la normalidad, no es necesario abrumar con preguntas.

La armonía en un hogar es primordial para el bienestar mental de ambos; si en tu casa todo marcha con tranquilidad, en equilibrio, tu vida marchará más fácilmente que si sales de un lugar al cual no deseas volver.

Quizás pienses que parece un cuento de hadas, pero no es así, hija, es la vida real y el hecho de que haya muchos hogares disfuncionales no implica que todos sean así, existen hogares realmente hermosos y conozco muchos, por no decir que vivo en uno, y todo fluye como el agua del río, si hay diferencias se hablan, pero lo que deben sobrar son abrazos, besos, risas, picardía, compatibilidad, empatía, cariño, entendimiento, buen trato y cordialidad.

Y esto es posible, hija, si respetas al otro y entiendes que cada quien tiene su vida, tu pareja tenía una vida antes de ti y ahora tiene otra a tu lado, pero es su vida, eso no te hace dueña de sus acciones o decisiones, todos somos libres y tenemos una forma de pensar.

Se escogieron para ser felices, no para uno ser el detective incriminador del otro. Si alguno comete un error, el otro no debe juzgarlo, puede ayudarlo o entender que, si lo hubiese podido evitar, lo hubiese hecho, obviamente, no incluyo la fidelidad en este tema, esa es una columna sólida que no la tumba ningún huracán.

Pero en muchos hogares, cuando algún miembro de la pareja se equivoca, para el otro es como un trofeo para vanagloriarse diciendo que él no hubiese hecho eso, que es un horror lo que pasó, que eso solo le pasa a esa persona.

Esa actitud es terrible, así no se vive.

La vida en pareja ha de ser divertida, estar llena de complicidad, ponerle gusto a cada día, no se debe caer en la monotonía, haz planes de cosas que disfruten juntos, pongan de lado el cansancio y anímense a una cena fuera una vez a la semana, acompáñalo a algún concierto que él ame e invítalo a la clase de cocina que tanto deseas hacer y te encantaría ir con él, hay tantos momentos que en un futuro serán recuerdos memorables, hay que vivir.

Y este tema no lo puedo cerrar sin decirte que debes ayudarlo a ser una mejor persona, apóyalo en sus sueños, anímalo a hacer ese máster que tiene en mente, aliéntalo en ese emprendimiento que no termina de darle forma, haz con él esa dieta que tanto le cuesta comenzar un lunes, si ves que hay cosas que le atormentan o no le gustan, intenta comprenderlo y hacerle entender con amor que quizás de otro modo hay soluciones. Por supuesto, él lo hará contigo, todo es recíproco. A veces a muchas personas no se les hace fácil lo que a otros sí, debes conocer a tu pareja para no presionar a que haga cosas que no quiere, hay que entender al otro y ser empático y amar sin orgullos, finalmente, uno quiere para que lo quieran.

Todo está en reírse siempre juntos, nada más...

Capítulo XI
Hijos

Dejé este capítulo de último no porque sea menos importante, al contrario, quizás es el más significativo o, al menos, uno de los más delicados, pues hay momentos y situaciones que te cambian la vida, tu forma de pensar, de ver las cosas, algunas varían tu rutina, otras te hacen ver la vida diferente, en fin, hay muchos instantes que te marcan para siempre, pero, hija, tener hijos es otra cosa.

Este acontecimiento realmente marca un antes y un después a todo nivel: emocional, físico, existencial. Es ahí cuando descubres que no te importaría tu vida si debieras darla de inmediato por esa personita, es ahí donde ya no importa tanto si comes o no comes porque primero debe comer esa personita, donde esos días de «¡no me molesten que voy a dormir!» ya no existen y, realmente, ni te importa que ya no duermes, quizás lo deseas, pero no se puede y está bien, de repente, descubres que una sonrisa suya te cambia el día y todo se vuelve más bonito, hallas una fuerza interior que no sabías que podías tener, puedes llegar a contener una lágrima, que vaya que es difícil, solo para que no te vea llorar.

Hija, si yo pudiera explicarte lo que hace un hijo en la vida...

Muchas veces miramos a nuestro alrededor y pareciera fácil ver a todo el mundo con su hijo o hijos por ahí felices como si nada, que cualquiera pudiera decir ¡qué exagerada! Yo veo que todo el mundo continuó su vida normal, pero no es así, acuérdate de que no todo lo que parece es, claro que prosigue la vida, pero no igual.

Primero, bella mía, los hijos son en mayor medida de la madre, nadie como tú para conocerlo y saber por qué lloró, sonrió, qué sintió la noche anterior..., solo tú. No con esto eximo de responsabilidad al padre, al que le toca la dura tarea de que no falte nada en el hogar, él corre con semejante compromiso. Y segundo ya tu no podrás prestar atención a nada por encima de él o ella.

Es una etapa realmente hermosa, pero hay que saber vivirla, principalmente, cuándo vivirla. Quizás te preguntarás:
¿Cómo lo sé? Y ahí te diría yo: cuando tengas la capacidad de darle todo lo que necesita un niño para ser un adulto feliz, responsable y que aporte cosas buenas al mundo, no antes. ¿Esto qué implica?: cuando tengas un techo propio donde vivir, ahorros para cualquier contingencia, un sueldo o la suficiente liquidez económica para que a tu bebé no le falte nada, y no me refiero a juguetes, sino a medicinas, pañales, leche, vitaminas, vacunas, todo esto bajo el entendido que estás llena de amor y estabilidad emocional para entregarle a ese ser maravilloso que llegará.

Saber que algún día te podrás escapar con tu esposo de nuevo a esas cenas románticas maravillosas, pero por una larga temporada serán escapadas en las que el corazón se aprieta y un pedazo de tu mente se queda en casa, así lo cuiden sus abuelos.

Qué ansias tenía de llegar a este punto, hija, porque es cada vez más común que, al tomar la decisión de tener un hijo, no se considere el mañana, y es muy importante que sepas que la que está tomando la decisión de ser madre eres tú, no tu mamá o la vecina, así que fácilmente entenderás que, con esa decisión, ya debes haber pensado cómo vas a hacer al tener a tu bebé en tus brazos y tu vida regrese a su curso dentro de la que era su normalidad.

Como el volver a tu trabajo o cuando necesites salir sola para hacer tus cosas, porque no puedes tomar la decisión de tener un hijo pensando que alguien más estará ahí para ayudarte, ya sea tu mamá, tu suegra o tu hermana, ellas ya habrán vivido esta etapa y ahora como abuelas o tías, solo les queda disfrutar de este pequeño hermoso, no hacerse responsables. Ni mucho menos dejar de vivir sus vidas, porque ahora tú necesitas que se hagan con tu responsabilidad; si habrá una mano de apoyo muchas veces, pero esto es diferente a pensar que estarán ahí todo el tiempo.

Es importante aclarar, que esto depende también de la cultura o tradición bajo la cual te desarrolles, pues, es bien sabido que en algunas culturas la función de la abuela, es ayudar en la crianza de los nietos, para que sus hijos puedan salir a trabajar, es algo milenario, establecido y enriquecedor para ellos, pero en general en este mundo moderno y movido no aplican estos conceptos, aunque son absolutamente válidos y respetables.

Es importante tener esta claridad, porque te ahorrará muchos disgustos o momentos incomodos ya que es tu hijo, fue tu decisión, no podemos pretender que nadie más excepto tu este siempre ahí, bajo cualquier circunstancia y haciendo uso de habilidades que desconocías totalmente que podías tener, para salir adelante ante cualquier situación que se presente, y para ser sincera, la cuota de satisfacción que se genera es enorme, así que el luchar por ti y por tu familia siempre será grato.

Respetemos entonces la libertad y el tiempo de los demás, una cosa es un favor, otra una imposición. Es tu hijo, es tu responsabilidad.

Un hijo significa algo tan grande..., es quien estás dejando al mundo para que continúe construyéndolo, muchos seguirán tu legado, algunos otros crearán los propios, pero representan la esperanza de un planeta mejor, el cual debemos tratar de dejar lo más bien que podamos para que su tarea no sea tan difícil, aunque ya en los tiempos actuales sí que lo es.

Es quien continuará con tu buena labor, es quien inventará la próxima maravilla, es quien dará el siguiente paso, es quien hará mejor las cosas; entonces hay que criarlo bien, llenarlo de amor, de valores positivos y planificar su extraordinaria llegada.

Un hijo es lo más grande que te puede pasar en la vida, por lo tanto, debes ser del tamaño de esa responsabilidad, piensa llegado el momento si estás a ese nivel, si no, no es el momento, no hay apuro, el instante tiene que ser el correcto y es ahí donde vivirás el nirvana en cada sonrisa de todo amanecer por el resto de tu vida.

Y así la vida, al crear otra vida, ya no es la vida misma...

Despedida

La vida es intensa, bella hija mía, y pasa bastante rápido, hay que saber vivirla, entre lo complejo y lo sencillo...

Tú decides cómo.

Aprende a escuchar y enseña con el ejemplo, ten una vida maravillosa, sé una buena persona, ayuda mucho, utiliza ese potencial enorme que está en tu cerebro siempre para cosas buenas, que sumen, que ayuden.

Aquí te di las claves para pasar por este mundo amando la vida y dejándote amar, dejando tu huella.

Estudia, ten amigos, lee, viaja, ora, ten al amor más bueno que puedas, vive honradamente, trata a los demás con respeto y cariño, cuida y respeta a la naturaleza y, cuando decidas tener hijos, garantiza que su historia será aún mejor que la tuya.

«*Alguien está sentado en la sombra el día de hoy porque otro plantó un árbol hace mucho tiempo*».

Warren Buffett

Gracias por ser parte, valoro mucho tu opinión.

Escríbeme un e-mail *a ellibroparatuhija@gmail.com*

Visítame, tengo mucho para compartirte
www.lostreintasonasi.com